sommaire

les personnes . . . . page 2
des personnages de contes . . . . page 3
des animaux . . . . page 4
les couleurs . . . . page 5
des jouets . . . . page 5
la campagne, la ville . . . . page 6
la météo . . . . page 6
des matières . . . . page 7
des qualités . . . . page 7
la maison . . . . page 8
les repas . . . . page 9
des actions . . . . page 10
le corps . . . . page 12
le temps qui passe . . . . page 13
des débuts de phrases . . . . page 14
des questions . . . . page 14
des petits mots . . . . page 15
des mots de mes textes . . . . page 16

 2-218-74811-8
Illustrations d'Annette Boisnard.

les personnes

mes parents

papa
mon père

maman
ma mère

mes grands-parents

papi
mon grand-père

mamie
ma grand-mère

les enfants

un garçon
mon frère

un bébé

une fille
ma sœur

un monsieur
un homme

une dame
une femme

le maître

la maîtresse

des personnages de contes

la fée

la sorcière

l'ogre

le sorcier

le prince

la princesse

le roi

la reine

un dragon

un monstre

un géant

un nain

le Petit Poucet

les Trois Petits Cochons

le Petit Chaperon Rouge

Cendrillon

Blanche-Neige

le Chat-Botté

des animaux

un chat

un chien

un canard

un coq

une poule

un lapin

un mouton

une vache

un cochon

une chèvre

un cheval

une grenouille

un poisson

un escargot

une souris

un oiseau

un hibou

un écureuil

un renard

un sanglier

un éléphant

une girafe

un crocodile

un tigre

un lion

un singe

un chameau

un kangourou

un pingouin

les couleurs

rouge

jaune

vert

bleu

marron

orange

violet

rose

blanc

noir

gris

des jouets

la campagne, la ville

la ferme

le quartier

la météo

des matières

le sable

l'eau

la terre

la glace

le cuir

le fer

le plastique

le verre

le carton

des qualités

grand

petit

léger

lourd

maigre

gros

faible

fort

beau

laid

chaud

froid

triste

gai

méchant

gentil

la maison

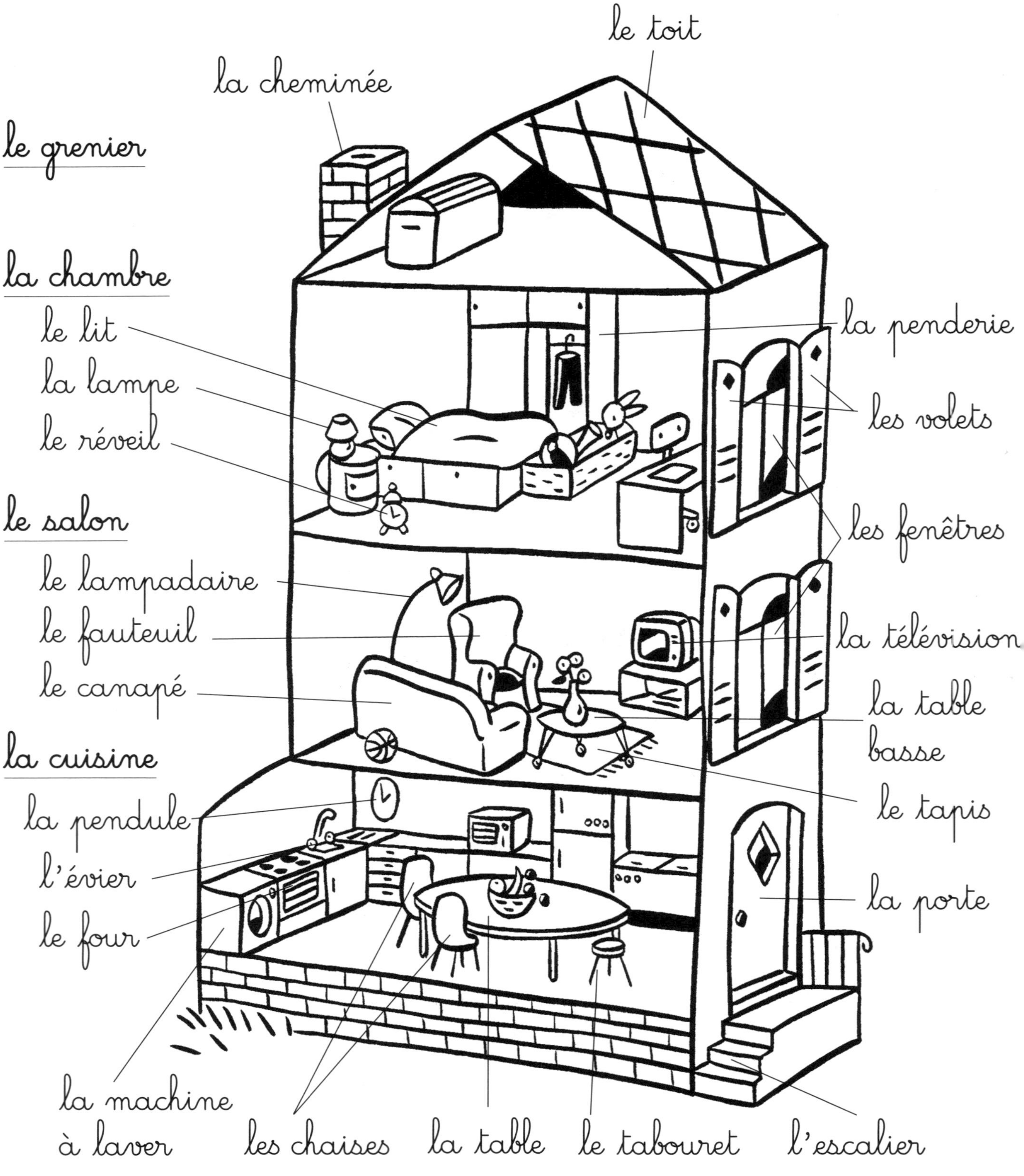
le toit
la cheminée
le grenier
la chambre
le lit
la lampe
le réveil
la penderie
les volets
les fenêtres
le salon
le lampadaire
le fauteuil
le canapé
la télévision
la table basse
le tapis
la cuisine
la pendule
l'évier
le four
la porte
la machine à laver
les chaises
la table
le tabouret
l'escalier

les repas

le couvert et des ustensiles

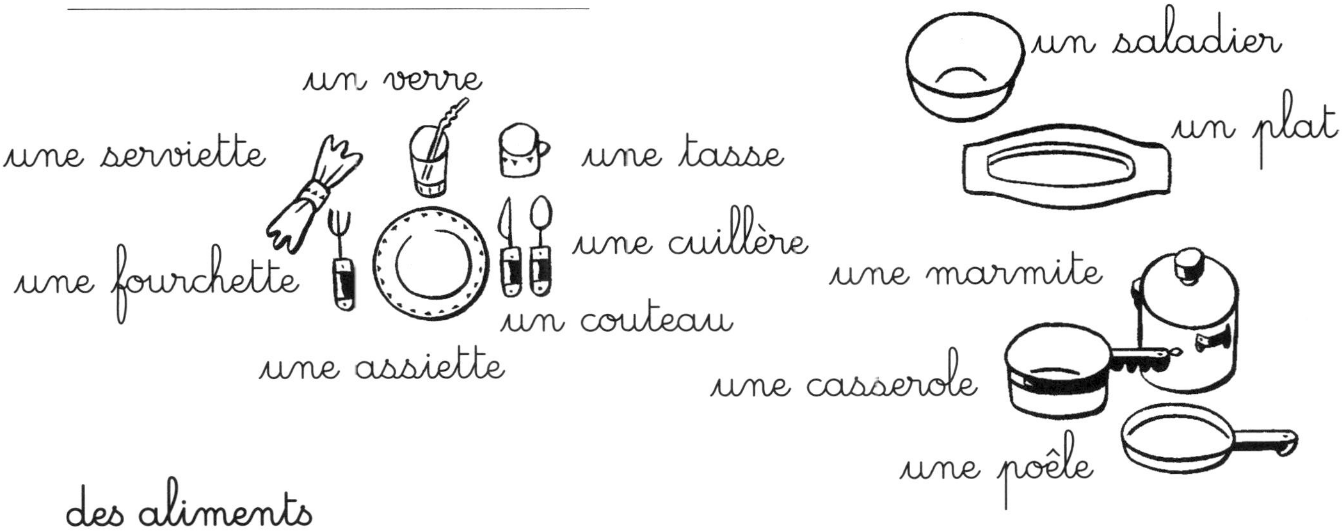

des aliments

des légumes

des fruits

des actions

il donne

elle prend
je prends

elle lance

il attrape
j'attrape

il saute

elle grimpe

il tombe

elle tourne

elle marche

il court
je cours

elle monte

il descend
je descends

il recule

il avance
j'avance

des actions

il parle

elle écoute

il crie

elle rit
je ris

il pleure

elle lit
je lis

il compte

il boit
je bois

elle mange

il dort
je dors

il se cache
je me cache

elle montre

le corps

la tête
les cheveux
les yeux
le nez
l'oreille
la bouche

le front
l'épaule
la joue
le bras
le cou
le coude
la poitrine
la main
le dos
le ventre
le genou
la cuisse
le pied
le museau
la gueule
la jambe
la queue
les moustaches
les poils
les pattes

le temps qui passe

la journée

ce matin – à midi – cet après-midi – ce soir – cette nuit

les jours de la semaine

lundi – mardi – mercredi – jeudi – vendredi – samedi – dimanche

les mois de l'année

janvier – février – mars – avril – mai – juin – juillet – août
septembre – octobre – novembre – décembre

les saisons

le printemps

l'été

l'automne

l'hiver

hier	aujourd'hui	demain
avant	pendant	après
il y a longtemps	maintenant	bientôt
l'année dernière	cette année	l'année prochaine
autrefois	en ce moment	plus tard

des débuts de phrases

Je m'appelle...	Tu t'appelles...	Il/Elle s'appelle...
Je suis...	Tu es...	Il/Elle est...
J' ai...	Tu as...	Il/Elle a...
Je vais...	Tu vas...	Il/Elle va...
Je veux...	Tu veux...	Il/Elle veut...
Je peux...	Tu peux...	Il/Elle peut...
Je fais...	Tu fais...	Il/Elle fait...
Je n'ai pas...	Tu n'as pas...	Il/Elle n'a pas...

On est...	On a...
On n'est pas...	On n'a pas...
Ils/Elles sont...	Ils/Elles ont...
Ils/Elles ne sont pas...	Ils/Elles n'ont pas...

C'est un... C'est le... C'est une... C'est la...

des questions

Est-ce que... ?	Peux-tu... ?	Où... ?
Est-ce que tu... ?	Veux-tu... ?	Quand... ?
Est-ce qu'il... ?	As-tu... ?	Comment... ?
Est-ce qu'elle... ?	Es-tu... ?	Pourquoi... ?
Qu'est-ce que... ?	Fais-tu... ?	Combien... ?

des petits mots

le	un	de
la	une	du
les	des	au

---

ma	ta	sa
mon	ton	son
mes	tes	ses

---

je	nous	on
tu	vous	
il - elle	ils - elles	

à	enfin	parce qu'il	que
alors	et	parce qu'on	quel
avec	jamais	pas	quelle
car	mais	plus	qui
dans	par	pour	sans
déjà	parce que	puis	souvent
en	parce qu'elle	qu'	toujours

---

sur 

dessus 

devant 

sous 

dessous 

derrière 

des mots de mes textes

Achevé d'imprimer en juin 2006 dans les ateliers de Normandie Roto Impression s.a.s., 61250 Lonrai (France) - N° d'impression : 06-1465 - Dépôt légal : juin 2006 - N° 43502